100 faszinierende Tatsachen
WUNDER DER WELT

100 faszinierende Tatsachen
WUNDER DER WELT

Adam Hibbert

Berater: Philip Steele

Übersetzt von Wiebke Krabbe

DANKSAGUNG

Der Herausgeber dankt den folgenden Künstlern für ihre Mitarbeit an diesem Buch:

Lisa Alderson	John James
Syd Brak	Alessandro Menchi
Kuo Kang Chen	Kevin Maddison
Peter Dennis	Janos Marffy
Richard Draper	Terry Riley
Nicholas Forder	Martin Sanders
Mike Foster/Maltings Partnership	Rudi Vizi
Luigi Galante	Steve Weston
Alan Hancock	John Woodcock

Cartoons von Mark Davis / Mackerel

ISBN 3-8212-2864-4
© XENOS Verlagsgesellschaft mbH,
Am Hehsel 40, 22339 Hamburg
Satz: Rüdiger Mohrdieck
Die Originalausgabe erschien 2003 bei
Miles Kelly Publishing Ltd,
Bardfield Centre, Great Bardfield, Essex, CM7 4SL
unter dem Titel
100 things you should know about World Wonders
Copyright © Miles Kelly Publishing 2003
Printed in Italy

Inhalt

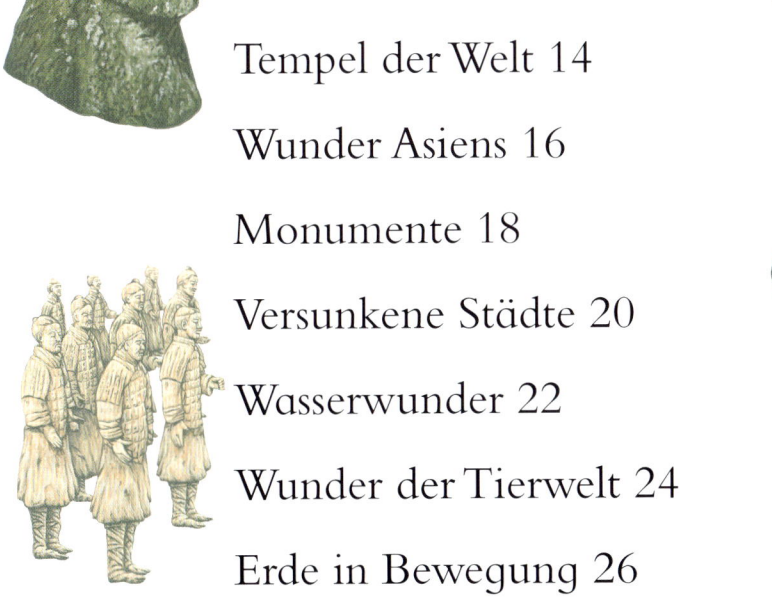

Wunder Griechenlands 6

Wunder der Antike 8

Erstaunliches Amerika 10

Faszination Afrika 12

Tempel der Welt 14

Wunder Asiens 16

Monumente 18

Versunkene Städte 20

Wasserwunder 22

Wunder der Tierwelt 24

Erde in Bewegung 26

Gewaltige Steine 28

Vorsicht, heiß! 30

Sagenhafte Seen 32

Wundervolle Wasserfälle 34

Wasserwege 36

Ständiger Wandel 38

Von A nach B 40

Gute Unterhaltung 42

Himmelhoch 44

Weltraumwunder 46

Register 48

Wunder Griechenlands

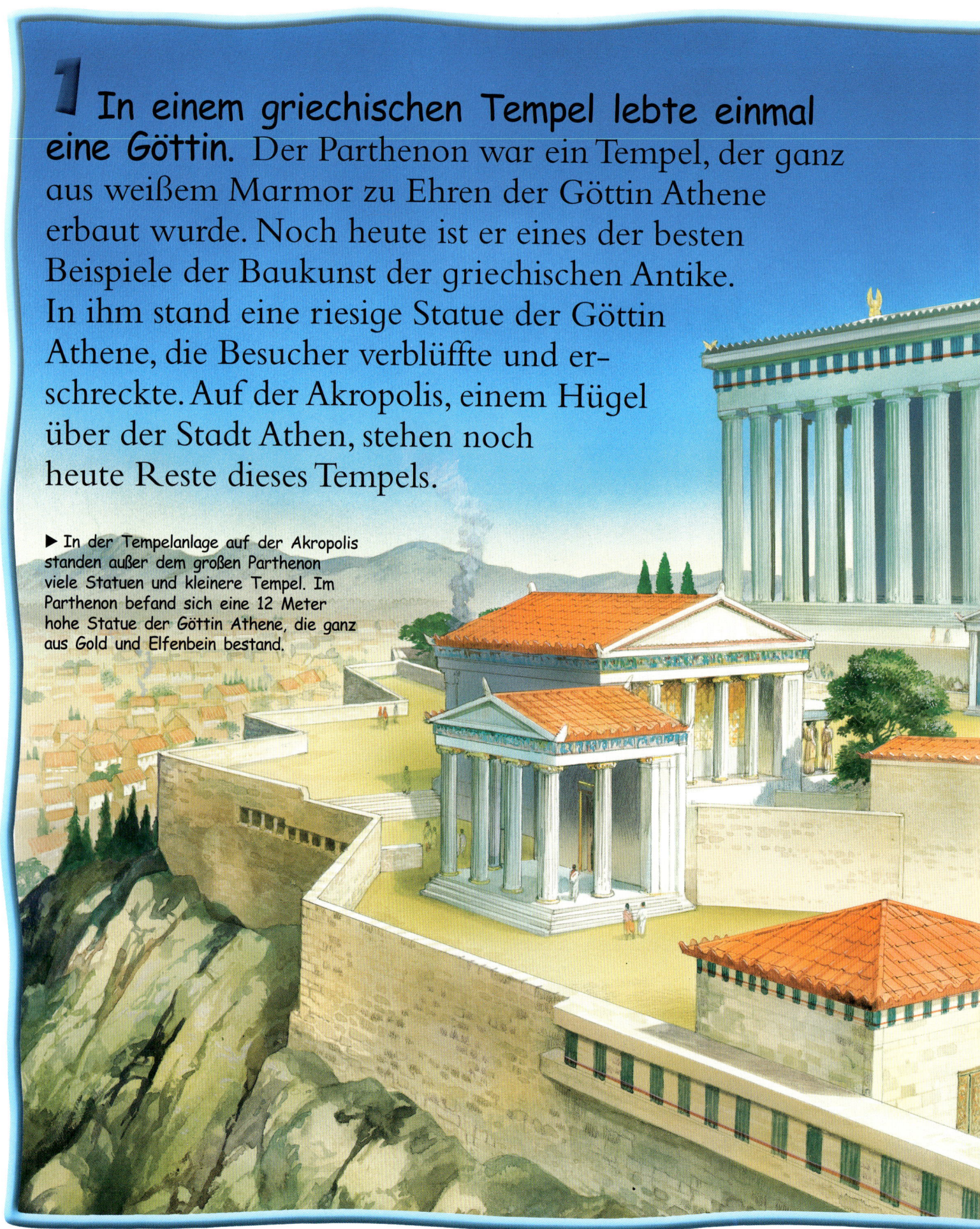

1 In einem griechischen Tempel lebte einmal eine Göttin. Der Parthenon war ein Tempel, der ganz aus weißem Marmor zu Ehren der Göttin Athene erbaut wurde. Noch heute ist er eines der besten Beispiele der Baukunst der griechischen Antike. In ihm stand eine riesige Statue der Göttin Athene, die Besucher verblüffte und erschreckte. Auf der Akropolis, einem Hügel über der Stadt Athen, stehen noch heute Reste dieses Tempels.

▶ In der Tempelanlage auf der Akropolis standen außer dem großen Parthenon viele Statuen und kleinere Tempel. Im Parthenon befand sich eine 12 Meter hohe Statue der Göttin Athene, die ganz aus Gold und Elfenbein bestand.

Der Parthenon, Tempel der Athene

Wunder der Antike

2 **Die Römer bauten ein gewaltiges Stadion für tödliche Wettkämpfe.** Das Kolosseum war ein Stadion aus Stein mit Platz für 50 000 Zuschauer. Herrscher und reiche Römer bezahlten für „Spiele", wie Kämpfe von Gladiatoren oder Gefangenen gegen wilde Tiere. Man konnte die Arena sogar für kleine „Seeschlachten" unter Wasser setzen.

3 **Der große Leuchtturm von Alexandria in Ägypten war über 100 Meter hoch.** Oben in der Spitze brannte ein loderndes Feuer. Er stand 1500 Jahre, bis er bei einem Erdbeben zerstört wurde. Erbaut wurde er während der Herrschaft des Pharaos Ptolemäus II. (283–246 v. Chr.) und ist als eines der Sieben Weltwunder der Antike bekannt.

▼ Kaiser Titus eröffnete das Kolosseum im Jahre 80 n. Chr. Es war so gut durchdacht gebaut, dass große Menschenmengen innerhalb von Minuten hinein- und hinausgelangen konnten.

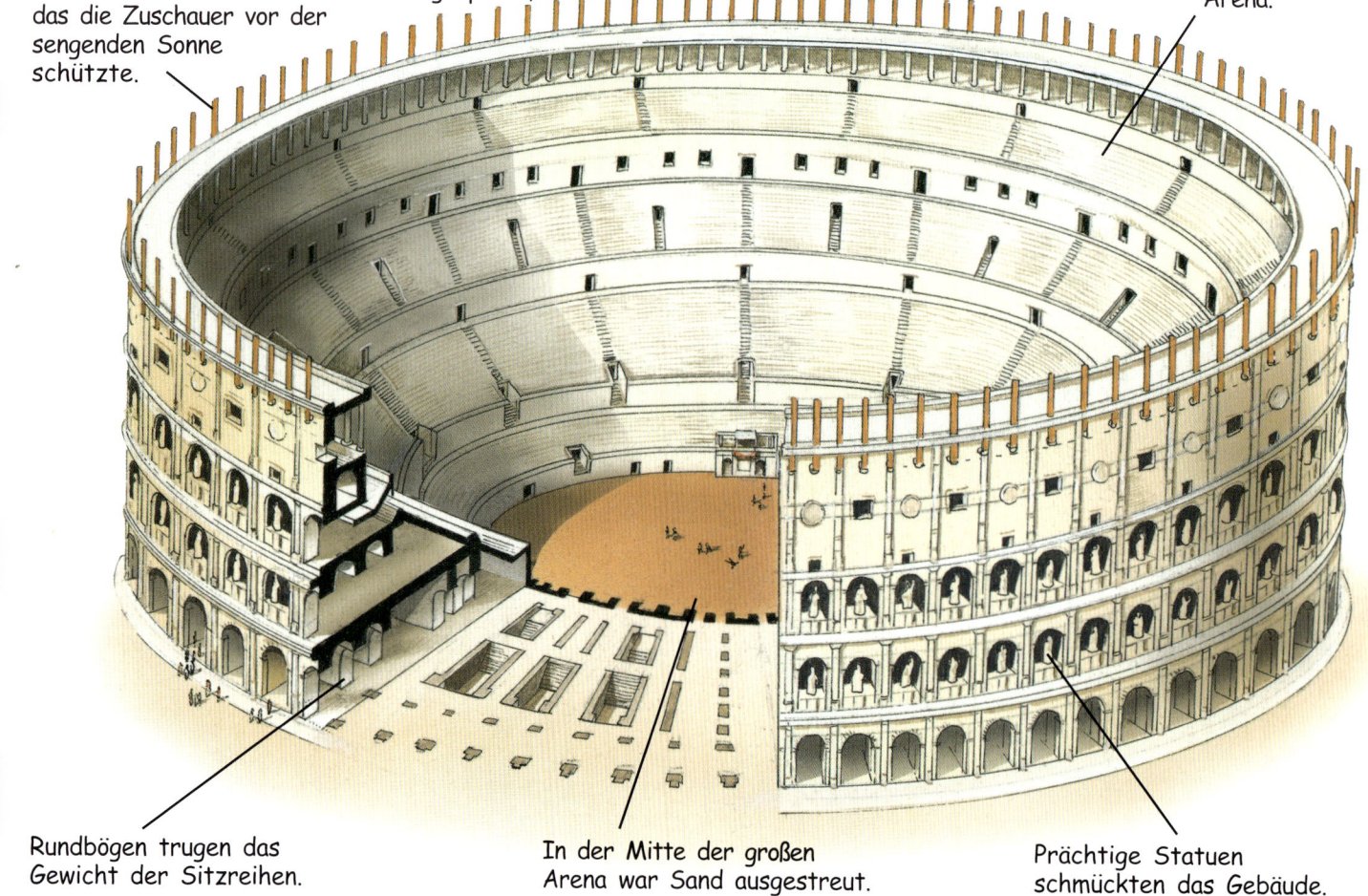

An Masten wurde ein Zeltdach ausgespannt, das die Zuschauer vor der sengenden Sonne schützte.

Ärmere Zuschauer saßen weiter weg von der Arena.

Rundbögen trugen das Gewicht der Sitzreihen.

In der Mitte der großen Arena war Sand ausgestreut.

Prächtige Statuen schmückten das Gebäude.

◀ Die große Sphinx wurde vor über 4500 Jahren aus Stein gehauen.

6 **Der griechische Tempel der Artemis war in einem Sumpf versunken.** Im 19. Jahrhundert entdeckte ihn der Archäologe John Wood. Der Tempel war auf dem Gelände von zwei älteren Schreinen in Ephesus (Kleinasien) errichtet und der Göttin Artemis geweiht worden. Noch heute finden Archäologen Opfergaben griechischer Pilger aus der Antike.

4 **Ein riesiger Löwenmensch beschützt die Pyramiden bei Giseh in Ägypten.** Die große Sphinx hat einen Löwenkörper und einen Menschenkopf. Sie stellt den Herrscher Chefren dar, der die Furcht erregende Macht eines Löwen besaß. Die Sphinx ist so alt, dass Teile des Körpers und des Gesichts vom fliegenden Wüstensand abgeschliffen wurden.

▲ Der Tempel der Artemis ist für seine schönen Marmorverzierungen berühmt.

5 **Die Hängenden Gärten hingen nicht wirklich.** Die Griechen bewunderten die Stadt Babylon im heutigen Irak. Dort entdeckten sie wundervolle Gärten mit prächtigen Pflanzen, die auf Terrassen angelegt waren. Ein babylonischer König ließ diese Gärten für seine Königin anlegen, um sie an ihre Kindheit im Gebirge zu erinnern.

▶ Um die Gärten zu bewässern, mussten Sklaven pausenlos Wasser aus dem Fluss Euphrat schöpfen.

7 **Die berühmte Bibliothek von Alexandria verbrannte vollständig.** Kunst, Mathematik und Wissenschaften waren im ägyptischen Alexandria weiter entwickelt als in der übrigen antiken Welt. Christen brannten die Bibliothek im Jahr 391 nieder und vernichteten damit wichtige Dokumente.

Erstaunliches Amerika

◀ Die faszinierende Bergstadt Machu Picchu wurde 400 Jahre lang von keinem einzigen Menschen betreten.

8 **Nicht nur die Ägypter bauten Pyramiden.** Auch in Mittel- und Südamerika wurden Pyramiden errichtet. Die Völker der Inka, Maya und Azteken benutzten die Pyramiden aber nicht als Gräber, sondern als Tempel. Als es noch keine modernen Bautechniken gab, war die Pyramide die stabilste Form für große Gebäude.

9 **Die Inka bauten die Stadt Machu Picchu mit Gärten, einem Tempel und einer Festung im Anden-Gebirge.** Die Gebäude bestanden aus großen, ineinander fassenden Steinen. Eine Quelle am Berggipfel bewässerte die Stadt. So gut versteckt, fanden sie die spanischen Eroberer nicht. Erst 1911 entdeckte der amerikanische Forscher Hiram Bingham die vergessene Stadt wieder.

10 **Nicht alle Monumente bestehen aus Stein.** Das Volk der Nazca ritzte riesige Muster und Motive in die steinige Wüste Perus, die man aus der Luft gut erkennen kann. Neben einfachen Quadraten und Dreiecken gibt es dort auch Zeichnungen von Tieren, etwa einer Spinne und eines Affen. Niemand weiß, welchen Zweck die Zeichnungen erfüllten.

11 **Chan Chan war eine erstaunliche Stadt aus Lehmziegeln.** Das Bauernvolk der Chimú wurde reich und schuf in Peru ein kleines Kaiserreich. Die reichsten Familien ließen sich in Chan Chan nieder. Jedes Anwesen bestand aus Gärten, Pyramiden und Lagerhäusern. Sie waren mit schönen Mustern und Figuren verziert.

KAUM ZU GLAUBEN!
Die spanischen Eroberer suchten nach der geheimnisvollen Stadt El Dorado, von der man sagte, sie würde ganz aus Gold bestehen.

12 **Teotihuacán war die größte Stadt der so genannten neuen Welt.** Ehe die Europäer nach Amerika kamen, hatte es dort schon eine Zivilisation gegeben. In ihrer großen Hauptstadt gab es zwei Pyramiden, die dem Mond und der Sonne geweiht waren, sowie einen riesigen Tempel zu Ehren des Gottes Quetzalcoatl, der die Gestalt einer gefiederten Schlange hatte.

▼ Die Mondpyramide in Teotihuacán enthält die Überreste von sechs kleineren Gebäuden.

13 **Die Azteken betrieben auf einem See Landwirtschaft.** Nachdem sie ihre Hauptstadt auf einer Insel in einem See gegründet hatten, wuchs das Volk an. Um die Insel zu vergrößern, bauten die Azteken Plattformen aus Schilf und bedeckten sie mit Schlamm. Darauf konnten sie Pflanzen anbauen und Vieh halten.

Faszination Afrika

14 **Das heutige Nigeria war ein Zentrum der Metallkunst.** Das Kaiserreich Benin wurde im 11. Jahrhundert gegründet. Es war berühmt für seine Messingskulpturen. 1897 zerstörten die Briten die Hauptstadt des Reiches und nahmen Tausende von Statuen mit.

◀ Solche Messing-Skulpturen wurden vom 16. Jahrhundert an in Benin hergestellt.

15 **In Kamerun bestanden die Pyramiden aus Bambus.** In der Region Bamileke ließen sich verschiedene Volksstämme nieder. Manche bauten für ihre Häuser Pyramidendächer aus Bambusstangen, die sie bis zu 10 Meter hoch anhoben, um die Wände darunter zu errichten.

16 **Simbabwe war eine große Stadt aus Stein.** Im Mittelalter war Groß-Simbabwe das Zentrum eines mächtigen Volkes. Um eine Festung aus Stein mit einem beeindruckenden Turm herum breiteten sich die Steingebäude im Tal und auf einem benachbarten Hügel aus. Das Volk der Karanga förderte Gold und trieb Handel mit weit entfernten Ländern wie China.

◀ Um diese steinerne Anlage herum, die Haus der Großen Mutter genannt wurde, entwickelte sich in Simbabwe eine Stadt mit 20 000 Einwohnern.

17
Die Moscheen von Mali sehen aus wie riesige Sandburgen. In Djenné steht eine erstaunliche Moschee, die von Hand aus Lehm und Lehmziegeln erbaut wurde. Aus den Wänden ragen Holzsprossen, auf denen die Bauarbeiter hinauf- und hinunterkletterten. Die islamische Stadt Djenné war früher ein wichtiges Handelszentrum. Jedes Jahr im Frühling wird ein großes Fest veranstaltet. Die ganze Gemeinde hilft dann mit, Reparaturen mit frischem Lehm an der Moschee durchzuführen.

▼ Die große Moschee in Djenné ist 100 Jahre alt. An ihrem Platz standen schon 800 Jahre lang Moscheen.

18
Die Georgskirche in Äthiopien besteht aus einem einzigen massiven Stein. Um 1200 begann König Lalibela, Kirchen bauen zu lassen. Die Bauarbeiter hoben einen tiefen Graben um einen riesigen Stein aus, behauten ihn zu einer Kreuzform und höhlten ihn dann aus, um einen Innenraum zu erhalten.

19
Die Häuser der Dogon waren wie Menschen geformt. Das Volk der Dogon in Mali baute Häuser in der Form eines liegenden Menschen. Am Kopf war die Feuerstelle, die Arme boten Lagerraum, der Rumpf war ein Arbeitsbereich und in den Beinen lagen die Ställe.

AFRIKA-QUIZ

1. Das Kaiserreich Benin war berühmt für (a) Holzschnitzereien oder (b) Messingskulpturen?
2. Die Pyramiden in Kamerun bestanden aus (a) Bambus oder (b) Gras?
3. Das Volk der Karanga handelte mit (a) Gold oder (b) Silber?
4. Die Große Moschee von Djenné ist (a) 50 oder (b) 100 Jahre alt?

Antworten: 1b 2a 3a 4b

Tempel der Welt

20 **König Kashyapa regierte in einem Löwen.** Die Bergfestung des Königs von Sri Lanka nannte man Sigiriya oder Löwenmaul. Um sie zu erreichen, musste man durch das streng bewachte Tor in Form eines aufgerissenen Löwenmauls klettern. Die Festung lag in 180 Metern Höhe auf dem kleinen Felsplateau eines erloschenen Vulkans.

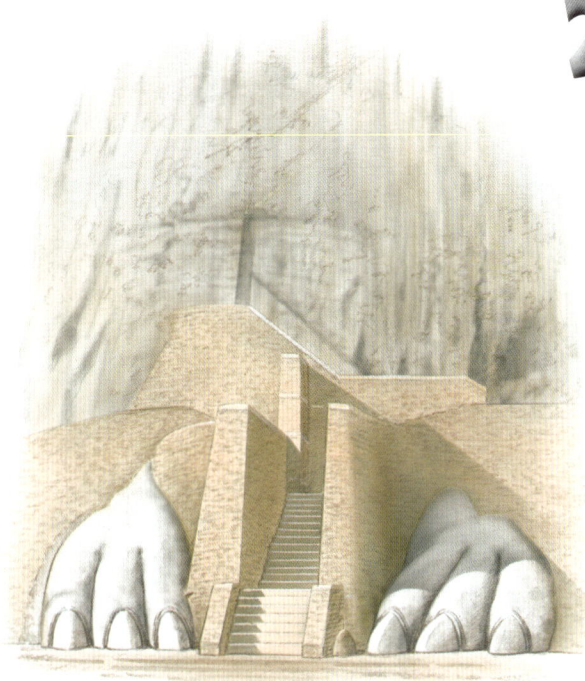

▲ Das Löwenmaul-Tor von Sigiriya ist bis auf die riesigen Pranken zerstört.

21 **In der Stadt Pagan gab es 4000 buddhistische Schreine.** Pagan war früher die Hauptstadt von Burma (heute Myanmar) in Südostasien. In der reichsten Zeit der Stadt, zwischen 1060 und 1280, wurden Tausende buddhistischer Schreine erbaut. Die Stadt ist heute verschwunden, doch 2000 Schreine sind noch erhalten.

22 **Die 85 Tempel von Khajuraho waren 500 Jahre vergessen.** Während einer unruhigen Zeit in der Geschichte Indiens verließen die Chandela-Könige ihre hinduistische Tempelstadt und zogen in die sicheren Berge. Spätere muslimische Herrscher wussten von den Tempeln nichts, darum blieben sie erhalten, bis sie 1838 ein britischer Armeeoffizier wiederentdeckte.

KAUM ZU GLAUBEN!
Die 4000 Jahre alten Schrifttafeln aus dem Harappa-Reich in Indien wurden bis heute nicht entziffert.

24 **Ein Hügel auf Java wurde von einem Tempel verschluckt.** Buddhisten bauten dort einen riesigen Schrein, indem sie einen Hügel in Steinblöcke und Skulpturen hüllten. 1972 entfernte man alle 800 000 Steine und brachte sie gereinigt wieder an ihren Platz zurück.

◀ Der „Tempelberg" von Borobodur hat 2000 Skulpturen, 72 Schreine und 500 Buddha-Statuen.

23 **Bauern legten Treppen im Gebirge an.** Reispflanzen brauchen viel Wasser, darum wachsen sie nicht an steilen Hängen. Trotzdem fanden Bauern im bergigen Ostasien eine Möglichkeit, Reis anzubauen. Sie errichteten an Bergzügen Terrassen, auf denen Wasser für den Reis stehen blieb.

25 **Angkor Wat ist die größte Tempelanlage, die je gebaut wurde.** Die Könige des Khmer-Reiches in Kambodscha galten zugleich als Götter. In ihrer Hauptstadt Angkor wurde ein riesiger Tempelkomplex mit Seen und langen Festungsmauern errichtet. Nach dem Fall des Reiches sorgten buddhistische Mönche dafür, dass der Dschungel Angkor Wat nicht überwuchern konnte.

▼ Der Graben um Angkor Wat ist 6 Kilometer lang und so breit wie drei Jumbo-Jets.

Wunder Asiens

26 **Es gibt eine Mauer von 6400 Kilometer Länge.** Das frühe China lebte von der Landwirtschaft, dennoch wurde das Land oft von Nomaden aus dem Norden überfallen. 214 v. Chr. begannen die Chinesen, an der Grenze eine Mauer zu bauen, um die Nachbarn fern zu halten. Sie ist 9 Meter hoch und mit Wachtürmen und einem Wehrgang ausgestattet.

▲ Im Laufe von Jahrhunderten haben viele chinesische Kaiser ein Stück der großen Mauer bauen lassen. Ursprünglich ragten zahlreiche Wachtürme über ihr auf.

▼ Tausende von Tonsoldaten wurden mit dem Kaiser Qin Shi Huangdi begraben. Sie sollten ihm im Himmel Macht verleihen.

27 **Innerhalb der Stadt Peking befindet sich eine zusätzliche Stadt.** Früher lebte der Kaiser von China in seiner eigenen Stadt aus Hunderten von Gebäuden mit 9000 Räumen, die von einer hohen, 16 Kilometer langen Mauer umgeben war. Weil niemand die Palastanlage ohne Genehmigung betreten durfte, nannte man sie die Verbotene Stadt. Heute ist sie ein Museum.

28 **Ein Kaiser wurde mit Tonsoldaten begraben.** Wenn die Chinesen ihre Toten begruben, gaben sie ihnen etwas mit, das ihnen im Himmel nützen sollte. Meist waren das einige Münzen. Der erste Kaiser von China, Qin Shi Huangdi, wurde jedoch mit 7000 lebensgroßen Tonsoldaten begraben.

29 Japanische Gräber hatten die Form von Schlüssellöchern.
In der Yamato-Ära, 250–500 n. Chr., war Japan sehr mächtig. Die Yamato-Adligen wurden in riesigen Gräbern bestattet, die von oben wie Schlüssellöcher aussehen. An Kaiser Nintokus Grab bauten 800 000 Arbeiter.

31 Die Koreaner waren frühe Astronomen.
Im 7. Jahrhundert regierte Königin Sondok über das alte Reich Silla. Sie ließ ein Observatorium zur Beobachtung der Sterne erbauen. Es steht noch heute, wird aber nicht mehr genutzt.

30 Im größten Holzgebäude der Welt sitzt ein riesiger Buddha.
Der Holztempel von Todai-ji in Japan ist 57 Meter lang, 50 Meter breit und 47 Meter hoch. Früher war er noch größer. Fast 1500 Jahre lang befand sich in ihm eine riesige Buddha-Statue aus 130 Tonnen Bronze, überzogen mit 130 Kilogramm Blattgold.

▶ Der Buddha von Todai-ji verspricht Frieden nach einem Streit. Jeder seiner Finger ist über einen Meter lang.

Monumente

32 **Die Steinriesen auf den Osterinseln wiegen so viel wie 1000 Männer.** Riesige Steinfiguren, „Moai" genannt, erschreckten die ersten Europäer, die zu den Osterinseln im Pazifik segelten. Die größte der 600 Figuren hat Korallenaugen und wiegt etwa 75 Tonnen. Dazu kommt ihr Hut, „Pukao" genannt, mit zusätzlich 11 Tonnen. Jede Statue wurde aus einem einzigen Steinblock gehauen und über einen weiten Weg zu ihrem späteren Platz als Grabmal transportiert.

33 **Die alten Briten bauten einen gewaltigen Steinkreis.** Stonehenge in England ist ein Bauwerk aus riesigen Steinen. Manche davon stammen aus einem 385 Kilometer entfernten Steinbruch in Wales. Sie sind so aufgestellt, dass die Sonne am Morgen des längsten Tages im Jahr (der Sommersonnenwende) genau durch den Eingang scheint. Die Sonnenwendfeier hatte für die Bauern große Bedeutung. Sie beteten um eine gute Ernte.

▶ Stonehenge wurde vor 4000 Jahren erbaut.

34 **Niemand kennt das Geheimnis von Silbury.** Bei Avebury in England entstand um die gleiche Zeit wie Stonehenge ein weiterer Steinkreis. Sein Zweck ist unbekannt. Er ist 40 Meter hoch und hat einen Durchmesser von 30 Metern. Anzeichen auf ein Grab im Innern gibt es keine.

35 **Manch religiöse Prozession war bis zu einem Kilometer lang.** Wahrscheinlich gingen keltische Druiden in Nordfrankreich jeden Tag bei Sonnenaufgang und Sonnenuntergang die langen Steinreihen in Carnac (Bretagne) entlang. Auf einigen Steinen befinden sich prähistorische Motive. Römer und Christen fügten später ihre Symbole hinzu.

STEIN-QUIZ

Die riesigen Steine, aus denen die prähistorischen Menschen Bauwerke errichteten, nennt man Megalithen. Damals gab es noch keine Metallwerkzeuge. Einige der Steine wurden mit Steinmeißeln behauen. Das Material des Meißels muss dazu härter sein als der Stein, der damit bearbeitet wird. Sortiere diese Gesteinsarten nach ihrer Härte.
a. Marmor b. Granit
c. Diamant d. Sandstein
e. Quarz

Antwort
c b e a d

36 **Die Tempel auf der Insel Malta sind 5000 Jahre alt.** Es sind die ältesten erhaltenen Gebäude der Welt. Die Bauern der Insel beteten Fruchtbarkeitsgöttinnen an und bauten für ihre Zeremonien Tempel aus Sandstein. In den Tempeln stellten sie kleine Statuen der „Erdmutter" auf.

Versunkene Städte

37 **Manche Stadt wurde vom Meer verschlungen.** Seit am Mittelmeer die ersten Städte entstanden, hat sich die Höhe des Meeresspiegels verändert. An Libanons Küste liegen mehrere Städte unter Wasser, darunter Yarmuta. Die Menschen verließen die Stadt, als das Meer stieg. Als vor 7500 Jahren das Mittelmeer ins Schwarze Meer überlief, verschob sich dessen Küste täglich um einen Kilometer ins Land hinein.

▲ Der Legende zufolge ist die Stadt Atlantis im Meer versunken. Forscher meinen heute, dass diese Legende die griechische Insel Thira beschreiben könnte, die 1470 v.Chr. durch einen Vulkanausbruch zerstört wurde.

38 **Atlantis bleibt bis heute ein Rätsel.** Im antiken Griechenland erzählte man von einer Insel im Atlantischen Ozean, von der eine Armee aufbrach, um das Mittelmeer zu erobern. Die Legende besagt aber auch, dass diese Insel im Meer versank.

KAUM ZU GLAUBEN!

Bei Neapel in Italien stehen drei Säulen, die Schäden von Muscheln aufweisen. Das beweist, dass sie einmal unter Wasser standen. Durch Vulkantätigkeit kann sich die Küste um mehrere Meter auf- oder abwärts verlagern.

39 **Kleopatras Palast liegt unter Fischerbooten.** Nachdem die Römer um das Jahr 100 n.Chr. die Stadt Alexandria eroberten, verlor sie langsam an Bedeutung. Als das Meer stieg, zogen die Einwohner ins Landesinnere. Heute liegt die alte Stadt am Grund des Hafens von Alexandria.

40 **In Amerika tauchte ein ägyptisches Bauwerk auf.** 1999 wurde in Texas eine riesige Sphinx entdeckt, die sich aber als Fälschung erwies. Sie gehörte zum Film „Die zehn Gebote" und war von Cecil B. de Mille 1923 versteckt worden, um Einzelheiten vor dem Kinostart geheim zu halten.

41 **Vor der Küste Kubas könnte in 600 Metern Tiefe eine Stadt liegen.** Forscher haben den Meeresgrund vor Cabo de San Antonio untersucht und in 600 Metern Tiefe regelmäßige Formen entdeckt, die wie Straßen und Gebäude aussehen. Es könnte sich aber auch um ein natürlich gewachsenes Korallenriff handeln.

42 **Japans Unterwasserpyramide könnte eine Laune der Natur sein.** Vor der südlichsten Insel Japans nahe bei Taiwan haben Taucher unter Wasser einen Hügel mit Stufen, gemeißelten Steinen und Straßen entdeckt. Das Gebilde sieht aus wie ein Inkatempel. Geologen meinen aber, dass diese Formen auch durch die Kraft der Wellen entstanden sein könnten.

▲ Die Unterwasser-„Pyramide" vor der Küste der japanischen Insel Yonaguni könnte das älteste von Menschenhand errichtete Gebäude sein, das je gefunden wurde.

Wasserwunder

43 **An Tiefseeschloten leben gruselige Wesen.** Fast alle Lebewesen brauchen für ihre Energieversorgung Licht. Aber am Meeresgrund versehen schwarze Schlote einige seltsame Lebewesen mit Energie. Die Schlote speien heißes Wasser mit Mineralien. Winzige Pflanzen und Tiere leben davon und dienen Köcherwürmern und Riesenmuscheln als Nahrung.

44 **Der tiefste Bereich aller Meere ist der Marianengraben.** Hier schiebt sich die riesige Pazifische Platte unter die Kontinentalplatte Ostasiens. Der Graben ist 2500 Kilometer lang und an einigen Stellen mehr als 11 Kilometer tief.

Rattenschwanz

Riesenmuscheln

KAUM ZU GLAUBEN!
Bevor es Motorschiffe gab, hatten die Meerestiere ein ruhigeres Leben. Wale konnten die Gesänge ihrer Artgenossen von der anderen Seite der Erde hören.

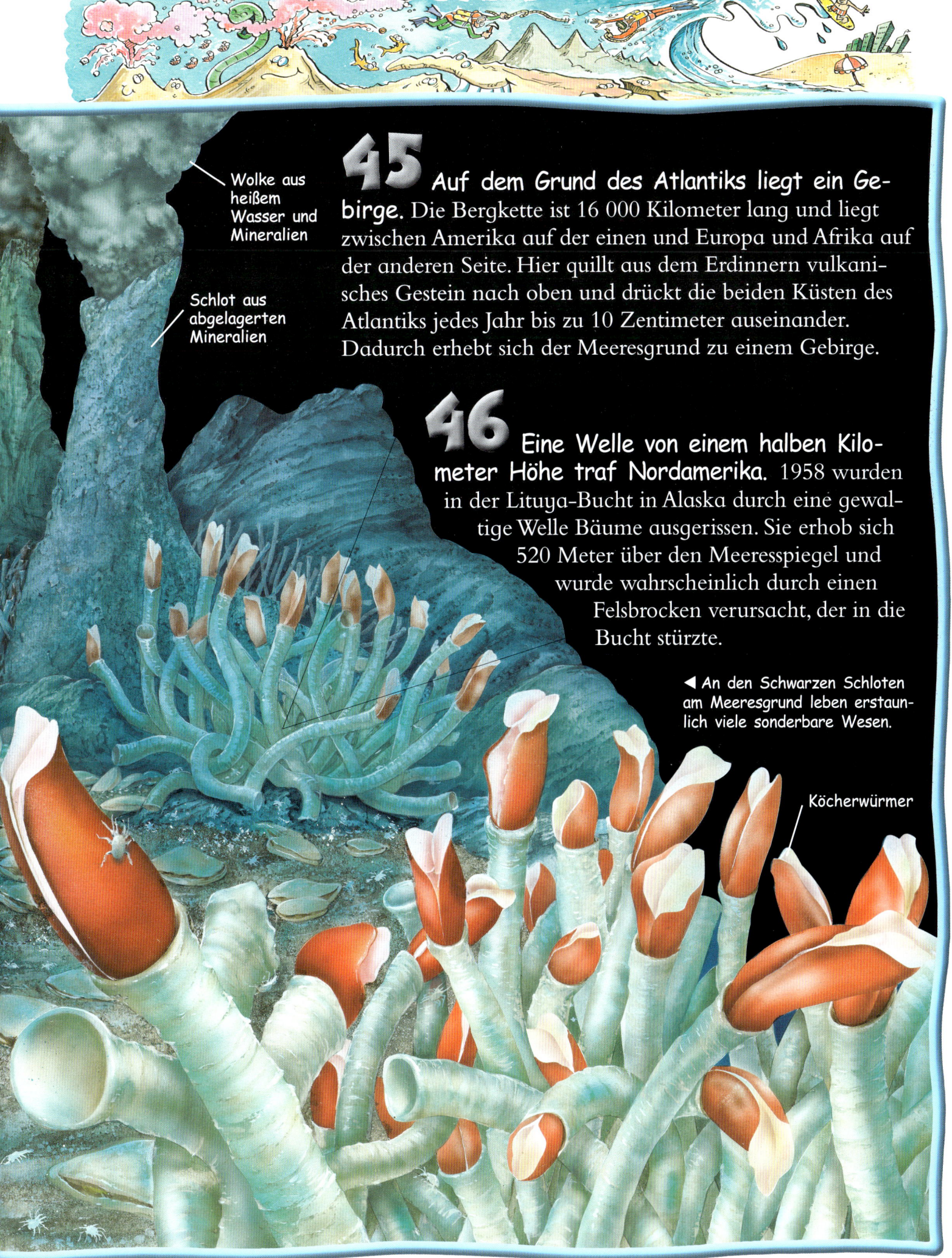

Wolke aus heißem Wasser und Mineralien

Schlot aus abgelagerten Mineralien

45 **Auf dem Grund des Atlantiks liegt ein Gebirge.** Die Bergkette ist 16 000 Kilometer lang und liegt zwischen Amerika auf der einen und Europa und Afrika auf der anderen Seite. Hier quillt aus dem Erdinnern vulkanisches Gestein nach oben und drückt die beiden Küsten des Atlantiks jedes Jahr bis zu 10 Zentimeter auseinander. Dadurch erhebt sich der Meeresgrund zu einem Gebirge.

46 **Eine Welle von einem halben Kilometer Höhe traf Nordamerika.** 1958 wurden in der Lituya-Bucht in Alaska durch eine gewaltige Welle Bäume ausgerissen. Sie erhob sich 520 Meter über den Meeresspiegel und wurde wahrscheinlich durch einen Felsbrocken verursacht, der in die Bucht stürzte.

◀ An den Schwarzen Schloten am Meeresgrund leben erstaunlich viele sonderbare Wesen.

Köcherwürmer

Wunder der Tierwelt

47 **Ein Monarchfalter fliegt 3000 Kilometer weit.** Im Herbst sammeln sich die Monarchfalter in Nordamerika zu großen Schwärmen und fliegen nach Süden bis in die warmen Wälder Kaliforniens und Mexikos. Im Frühling fliegen sie den gleichen Weg zurück, legen Eier und sterben. Im folgenden Herbst machen sich die Jungen auf die Reise nach Süden.

▲ Monarchfalter leben in verschiedenen Teilen der Erde, doch die amerikanischen Arten legen die weitesten Strecken zurück.

48 **Auf der Weihnachtsinsel im Indischen Ozean färbt sich der Boden zweimal im Jahr rot.** Dann ziehen Scharen von roten Krabben aus den Wäldern zur Küste, um dort ihre Eier zu legen. Sind die Larven nach einigen Monaten im Wasser herangewachsen, ziehen alle gemeinsam ans Land.

▲ Die roten Krabben müssen nach der langen Wanderung ins Meer tauchen, damit sie nicht austrocknen.

▶ Der Korallenpolyp hat sich ein Kalk-Gehäuse gebaut, das ihn schützt.

49 Winzige Korallen errichten Bauten, die man aus dem Weltraum sehen kann. Das Große Barriere-Riff ist 2000 Kilometer lang und liegt vor der Küste Australiens. Es wurde von Milliarden winziger Korallenpolypen erbaut. In 20 Millionen Jahren haben diese winzigen Tiere ein Wunderwerk erschaffen, und sie bauen immer weiter.

Korallenpolyp

50 Termitenbaue haben eine Klimaanlage. Termitennester liegen im Boden oder erheben sich. Im Norden Australiens sind sie in Nord-Süd-Richtung angelegt. Man vermutet, dass die Termiten die Sonnenenergie nutzen, um die Bewegung kühler Luft im Nest zu fördern.

KAUM ZU GLAUBEN!

Viele Wassertiere legen Millionen von Eiern. Die meisten davon werden aber von anderen Tieren gefressen.

▶ Der Bau eines Termitenhügels sorgt für die richtige Temperatur und Luftfeuchtigkeit im Nest.

Erde in Bewegung

51 **Die Felsen des Grand Canyon sind über zwei Milliarden Jahre alt.** Der Fluss Colorado in den USA hat Tonnen von Gestein ausgewaschen, bis die 446 Kilometer lange Schlucht entstanden ist. Sie ist bis zu 1,6 Kilometer tief und 29 Kilometer breit.

52 **Ein Meteorit hat in Arizona einen Krater geschlagen.** Der Barringer-Krater in den USA hat 1 Kilometer Durchmesser und 180 Meter Tiefe. Im Umkreis von 100 Kilometern findet man kleine Glas- und Metalltropfen. Das sind Überreste eines Meteoriten aus Metall, der beim Aufprall auf die Erde explodierte.

▼ Ein 300 000 Tonnen schwerer Meteorit prallte vor 50 000 Jahren im heutigen Arizona auf die Erde und explodierte. Es blieb ein riesiger Krater zurück.

53 **Der Wind kann Sandberge auftürmen.** Die Düne von Pilat an der französischen Atlantikküste wurde im Laufe der letzten 200 Jahre durch Wind, Wellen und Sand aus der Bucht aufgehäuft. Die Düne ist 105 Meter hoch, 500 Meter breit und fast 3 Kilometer lang. Sie schiebt sich langsam landeinwärts. Um diese Verschiebung zu stoppen, wurde auf ihr ein Kiefernwald angepflanzt.

◀ Der Grand Canyon zählt zu den größten Naturwundern. Vor allem bei Sonnenuntergang zeigen die Felsen oft leuchtende Rot- und Brauntöne.

55 **Afrika bricht am Rift Valley auseinander.** Der riesige Riss ist 4000 Kilometer lang, 100 Kilometer breit und bis zu 2 Kilometer tief. Er entsteht, weil Afrika und Asien langsam auseinander driften. An einigen Stellen ist flüssiges Gestein aus dem Erdinnern gedrungen und hat Berge wie den Kilimandscharo gebildet.

KAUM ZU GLAUBEN!

Bevor der Fluss Colorado gestaut wurde, führte er massenweise Geröll mit sich – 500 000 Tonnen täglich. Genug, um den stärksten Felsen abzuschleifen.

▼ Bergsteiger erklimmen den „El Capitan" in etwa vier Tagen.

54 **Yosemite wurde von Tonnen von Eis geformt.** Im Yosemite-Nationalpark in der Sierra Nevada (USA) befinden sich einige der sonderbarsten Steine der Welt. „El Capitan" ist ein glatter Granitblock, der sich fast einen Kilometer über das Tal erhebt. Ein Gletscher glättete ihn einst wie ein riesiges Stück Sandpapier.

Gewaltige Steine

56 **Der Berg Uluru, auch Ayers Rock genannt, ändert im Laufe des Tages seine Farbe.** Der riesige Felsbrocken im australischen Outback ist ein heiliger Ort der Ureinwohner. Bei Sonnenaufgang und Sonnenuntergang zeigt der rötliche Sandstein faszinierende Farbtöne. Rillen, die von Regen und Sandsturm in die Oberfläche gekerbt wurden, bilden Schattenmuster, die zu wandern scheinen.

57 **Felsen können Brücken bilden – wie die Rainbow Bridge in Utah (USA) mit 93 Metern Höhe und 85 Metern Länge.** Die amerikanischen Indianer dachten, sie sei ein versteinerter Regenbogen. Der Sandstein schimmert im Sonnenlicht mal rosa, mal rot und mal lavendelblau.

▶ An seinem Fuß hat der Uluru einen Umfang von 10 Kilometern. Er hat zahlreiche kleine Höhlen, in denen man Malereien der Aborigines entdeckt hat.

58 **In Felsen kann man riesige Höhlen hauen.** Die Höhlen von Sarawak in Malaysia sind beeindruckend. Die Deer Cave ist fast 100 Meter breit, 100 Meter hoch und über 2 Kilometer lang. In ihr hätten 20 Fußballfelder Platz.

59 **Manche Felsen waren einmal Bäume.** Bei Winslow im amerikanischen Arizona liegen versteinerte Baumstämme in der Wüste. Es sind Fossilien von Riesenbäumen, die hier einmal wuchsen. Die Stämme waren Millionen von Jahren von Schlamm bedeckt und versteinerten so. An den Fossilien kann man noch Einzelheiten wie die Jahresringe erkennen.

KAUM ZU GLAUBEN!

In Neumexiko (USA) gibt es eine Wüste aus weißem Sand. Die Sandkörner bestehen aus Gips. Dort leben seltene, weiße Eidechsen und Mäuse, die sich ihrem weißen Lebensraum angepasst haben.

Vorsicht, heiß!

60 **Vulkane können Wege pflastern.** Der Giant's Causeway in Irland ist durch den Lavastrom eines Vulkans entstanden. Als die Lava langsam abkühlte, riss ihre Oberfläche ein und es entstanden sechseckige „Säulen". Eine irische Legende erzählt, dass Riesen den Weg bauten, um nach Schottland zu gelangen.

▼ Manche der Steinsäulen des Giant's Causeway sind bis zu 6 Meter hoch.

61 **Die Erde kann kochendes Wasser speien.** Wo die Hitze des Erdinnern mit Wasser in Berührung kommt, entstehen heiße Quellen und Geysire, Springquellen. Eines der faszinierendsten Gebiete ist Whakarewarewa in Neuseeland, wo neben brodelnden Schlammlöchern und heißen Quellen der Geysir Pohutu Wasser und Dampf 30 Meter in die Höhe schleudert.

GEYSIR IN DER FLASCHE

Einen ungefährlichen Geysir kannst du selbst machen, indem du die ganze Kohlensäure einer Flasche Mineralwasser auf einmal herauslässt. Stell dich ins Freie, schüttle die Flasche kräftig und nimm den Deckel ab. Vorsicht, es spritzt!

63 **Wenn Vulkane erlöschen, können Häuser zurückbleiben.** In Urgup in der Türkei ließen kleine Vulkane nur spitze Kegel übrig. Die Witterung trug die äußeren Schichten ab. Die massive Lava, die früher das Innere des Vulkans füllte, blieb stehen. Sie wurde ausgehöhlt, um darin Wohnungen zu schaffen.

64 **Man kann in einer Lavablase Konzerte genießen.** Wenn Lava aus einem Vulkan strömt, kühlt ihre Außenseite ab und es entsteht eine Kruste. Das Innere bleibt noch flüssig. Manchmal entsteht dadurch eine Höhle oder ein Tunnel im Lavagestein. In Cueva de los Verdes auf den Kanarischen Inseln wurden solche Lavablasen in einen Konzertsaal verwandelt.

▲ In den Vulkanhäusern in Urgup ist es im Sommer kühl und im Winter warm.

62 **Pilger besuchen den Vulkan Fudschijama.** Der Fudschijama ist Japans höchster Berg und wurde durch Tausende von Ausbrüchen aus Asche und Lava aufgehäuft. Am Rand des Kraters stehen kleine Schreine. Dort leben junge Priester der Shinto-Religion während ihrer Ausbildung.

▼ Der Berg Fudschijama ist ein Vulkan und brach 1707 zuletzt aus. Man kann ihn noch aus dem 100 Kilometer entfernten Tokio sehen.

Sagenhafte Seen

65 **Seen gibt es an den seltsamsten Orten.** Der Crater Lake in Oregon (USA) ist tiefblau und liegt auf dem Gipfel eines Berges. Beim letzten Ausbruch des jetzt erloschenen Vulkans Mount Mazama blieb ein Krater von 10 Kilometer Durchmesser und fast 600 Meter Tiefe zurück. Schmelzwasser von Eis und Schnee füllte den Krater.

66 **Es gibt eine Insel in einem See auf einer Insel in einem See.** Im Lake Huron in Nordamerika liegt die große Insel Manitoulin Island. Es ist die größte Insel, die in einem Binnensee liegt. Auf dieser Insel liegt der große Lake Manitou. Und in ihm liegen mehrere kleine Inseln.

▼ In der Mitte von Amerikas tiefstem See, dem Crater Lake, liegt ein kleiner Vulkan namens Wizard Island. Der See ist an seiner tiefsten Stelle 589 Meter tief.

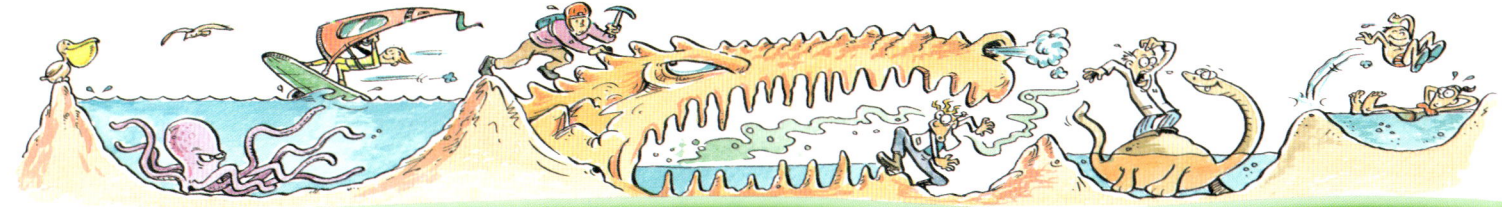

▶ Das Wasser des Toten Meeres enthält so viel Salz, dass man nicht untergeht.

67 **Manche Seen enthalten mehr Salz als die Meere.** Das Tote Meer ist ein Binnensee im Nahen Osten. Es liegt 400 Meter unter dem Meeresspiegel. Wegen des heißen Klimas verdunstet das Wasser von der Oberfläche schnell, doch Mineralien wie Salz bleiben zurück. Das Tote Meer ist etwa zehnmal salziger als Meerwasser.

68 **Ein See ist so alt wie die Dinosaurier.** Der Wostoksee in der Nähe des Südpols ist Millionen von Jahren durch eine dicke Eisschicht vom Rest der Welt abgeschnitten. Forscher suchen jetzt nach Möglichkeiten, 4 Kilometer tief durch das Eis zu bohren, ohne dabei Lebewesen zu stören, die im Seewasser vielleicht noch vorhanden sind.

69 **Seen können sich vollständig verstecken.** Im Nordosten Namibias liegt ein See tief unter der Erde in einer Höhle namens Dragon's Breath Cave. Weil kein Sonnenlicht in die Höhle gelangt, beziehen alle Höhlenbewohner Energie aus dem Kot der Fledermäuse. Da es dunkel ist, haben die dort lebenden Tiere und Fische schwache Augen, ihre anderen Sinne, wie Gehör, Geschmacks- und Tastsinn, sind jedoch hoch entwickelt.

KAUM ZU GLAUBEN!

Im Baikal-See in Russland leben die einzigen Süßwasser-Seehunde der Welt.

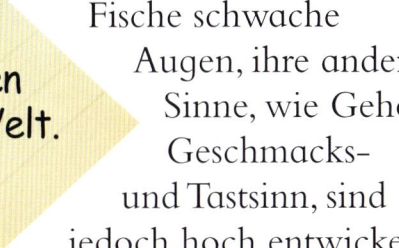

Wundervolle Wasserfälle

70 Die Niagara-Fälle wandern flussaufwärts. Das hinabstürzende Wasser höhlt die steile Felswand aus, bis die Oberkante abbricht. Dadurch rückt der Wasserfall etwas zurück. In den letzten 300 Jahren haben sich die Niagara-Fälle pro Jahr um etwa einen Meter verschoben. Jetzt geschieht das nicht mehr, weil der Fluss nachts zu Kraftwerken umgeleitet wird, die Strom erzeugen.

▲ Die Niagara-Fälle entstanden vor etwa 12 000 Jahren, als eine große Eisplatte schmolz und der Niagara-Fluss über die Ufer trat. Der Wasserfall liegt auf der Grenze zwischen den USA und Kanada.

71 Ein Wasserfall ist fast einen Kilometer hoch.

Versteckt im Dschungel Venezuelas liegt ein steiler, felsiger Berg, von dessen Kante die Angel-Fälle 979 Meter in die Tiefe stürzen. Das sind die höchsten Wasserfälle der Welt.

◀ Die Angel-Fälle sind 15-mal höher als die Niagara-Fälle. Sie wurden 1933 von dem Amerikaner Jimmy Angel entdeckt.

WASSERFALL-QUIZ

1. Wie weit verschieben sich die Niagara-Fälle jährlich rückwärts?

2. Wo liegen die Iguazú-Fälle?

3. Wie viel höher sind die Angel-Fälle verglichen mit den Niagara-Fällen?

Antworten:
1. Ein Meter pro Jahr
2. Argentinien
3. 15-mal höher

72 Die Iguazú-Fälle erzeugen wunderschöne Regenbögen.

Jede Sekunde stürzen etwa 12 750 Kubikmeter Wasser über den Rand der Iguazú-Fälle in Argentinien. Wegen der unregelmäßigen Form der 4 Kilometer langen Felskante haben sich mehrere kleinere Wasserfälle gebildet. Im feinen Sprühnebel des Wassers kann man oft mehrere Regenbögen erkennen.

▼ Die Iguazú-Fälle liegen auf der Grenze zwischen Argentinien und Brasilien.

Wasserwege

73 **Der Akosombo-Damm hat einen See geschaffen, der größer als ein Land ist.** Der Volta-See ist mit 8000 Quadratkilometern größer als das Land Luxemburg. Er entstand, als 1965 der Fluss Volta aufgestaut wurde, um Wasser für die Bewässerung der Felder zu sammeln. Der See ist nicht nur ein Wasserspeicher. Er versorgt Ghana mit Elektrizität und Fischen und bietet Schiffen eine Verbindung zwischen dem Nordteil des Landes und der Küste.

WASSER-QUIZ
1. Welcher Fluss wurde durch den Akosombo-Damm aufgestaut?
2. Welcher Kanal verbindet zwei Ozeane?
3. Wie lang ist der Suez-Kanal?
4. Wo befindet sich der geschäftigste Hafen der Welt?
5. Wo findet man in einem Kanal eine Schleuse?

Antworten:
1. Volta 2. Panama-Kanal 3. 100 Kilometer 4. Rotterdam 5. Dort, wo Höhenunterschiede überwunden werden müssen.

▼ Der Akosombo-Damm wurde 1960 erbaut. Die hier gewonnene Elektrizität versorgt drei Länder, darunter eine Aluminiumfabrik in Ghana.

74
Ein Kanal verbindet zwei Ozeane. Der Panama-Kanal in Mittelamerika verbindet den Atlantischen mit dem Pazifischen Ozean. Er erspart den Schiffen einen langen Umweg. Der Kanal ist nur 65 Kilometer lang. Müssten die Schiffe um ganz Südamerika fahren, wäre die Reise 12 000 Kilometer lang.

75
Per Schiff durch die Wüste. 1869 stellte eine französische Firma nach 11 Jahren Bauzeit den 100 Kilometer langen Suez-Kanal fertig. Er verläuft durch Ägypten und verbindet das Mittelmeer mit dem Roten Meer. So wird den Schiffen die 7700 Kilometer weite Reise um Afrika herum erspart.

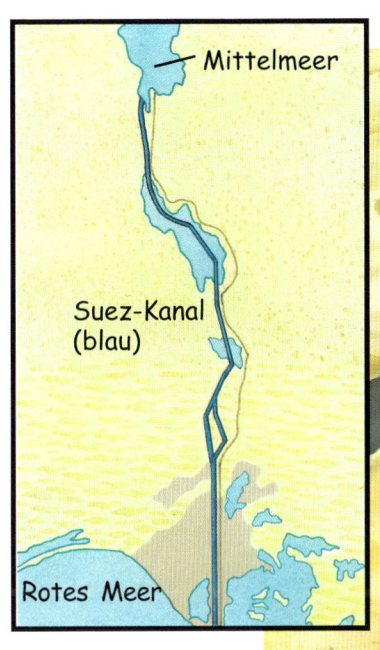

▲ Der Suez-Kanal wurde 1869 eröffnet.

▲ Weil der Suez-Kanal schmal ist, können Schiffe ihn nur einzeln passieren.

76
In Holland kann man ein Tor schließen, um die Flut auszusperren. Rotterdam ist der geschäftigste Hafen der Welt. Er liegt auf Land, das aus der Nordsee gewonnen wurde, und war früher von Sturmfluten bedroht. Heute hat er zwei große Tore, die bei Sturmflut geschlossen werden. Jedes Tor ist etwa 300 Meter hoch – höher als der Eiffelturm.

77
Manche Schiffe fahren Fahrstuhl. Liegt ein Kanal an einem Abhang, werden Schleusen eingebaut, um die Schiffe „stufenweise" auf- oder abwärts zu befördern. An steilen Bergen kostet das Schleusen viel Zeit. Dort baut man Schiffshebewerke, die in großen Trögen die Schiffe samt Wasser auf- oder abwärts heben.

Ständiger Wandel

▼ Zwei große Fischereihäfen am Aral-See sind ausgetrocknet, als sich die Küstenlinie verlagert hat.

78 Der Aral-See schrumpft. Der große Aral-See in Zentralasien war einmal 15 Meter tiefer und etwa doppelt so groß wie heute. Da seine Zuflüsse umgeleitet wurden, um Felder zu bewässern, wurde er kleiner und viel salziger. Dadurch starben alle Fische in ihm. Zwischen den Inseln in seiner Mitte ist nun eine Landverbindung entstanden, die das Wasser in zwei separate Seen teilt.

79 **Mit Lava kann man Inseln vergrößern.** Island liegt auf dem mittelatlantischen Rücken, der starke Vulkantätigkeit zeigt. 1973 floss bei einem Ausbruch Lava über die Insel Heimaey. Die Inselbewohner pumpten Meerwasser gegen den Lavastrom und lenkten ihn so um. Sie formten aus der Lava neue Schutzwälle vor ihrem Hafen und gewannen 2 Quadratkilometer Land hinzu.

▲ Der Lavastrom wurde umgeleitet, um einen Schutzwall vor dem Hafen zu schaffen.

80 **Manche Länder werden immer größer.** Die Niederlande tragen ihren Namen, weil sie so niedrig liegen: Der größte Teil ihrer Küste liegt unter dem Meeresspiegel. Ein Viertel der Landfläche wurde aus dem Meer und aus Flussmündungen gewonnen. Dazu wurde ein Netz aus Erdwällen errichtet und das Wasser zwischen ihnen abgepumpt.

81 **Das Behauen eines Steins dauerte 14 Jahre.** 400 Bildhauer arbeiteten über 14 Jahre lang, um in die Sonnenseite des Mount Rushmore in South Dakota (USA) vier riesige Porträts amerikanischer Präsidenten zu meißeln. Jedes Auge hat einen Durchmesser von 4 Metern.

FLIESST WASSER BERGAUF?

Könnten die Niederlande kein Wasser abpumpen, wären sie bald wieder überflutet. Du kannst eine einfache Pumpe selbst bauen. Lass dir von einem Erwachsenen helfen.

Du brauchst:
zwei Plastikschüsseln   Wasser   Plastikschlauch   Stuhl

1. Stelle eine leere Schüssel auf den Boden.
2. Stelle eine Schüssel mit Wasser auf den Stuhl.
3. Lege ein Ende des Schlauchs in die Schüssel mit Wasser.
4. Sauge durch den Schlauch das Wasser an.
5. Lege das andere Schlauchende in die leere Schüssel. Das Wasser steigt im Schlauch auf und fließt in die leere Schüssel.

Von A nach B

82 **Die Akashi-Kaikyo-Brücke überspannt 2 Kilometer in einem Stück.** Japan besteht aus vier Hauptinseln und Hunderten kleinerer Inseln. Früher gab es zwischen den Inseln Shikoku und Honshu nur eine Fähre. Heute überspannt die Akashi-Kaikyo-Brücke den 2 Kilometer breiten Meeresarm zwischen den beiden Inseln und spart den Menschen viel Zeit. Es ist die längste Brücke der Welt.

KAUM ZU GLAUBEN!
Die Brücke über den Forth in Schottland wird ständig gestrichen. Maler brauchen drei Jahre, um die 521 Meter lange Brücke zu streichen. Hinten angekommen, fangen sie vorn wieder an.

83 **Die längste aller Pilgerreisen ist die Hadsch.** An sechs Tagen im letzten Monat des islamischen Kalenders versammeln sich in Mekka zwei Millionen Pilger. Muslime aus allen Ländern und Gesellschaftsschichten umrunden dann die Kaaba in der Großen Moschee von Mekka, dem größten Heiligtum des Islam, und vollziehen feierliche, religiöse Zeremonien.

84 **Eisenbahnen können mit 150 km/h unter dem Meer fahren.** Der Eurotunnel verbindet die Insel Großbritannien mit der Küste Nordfrankreichs. Drei Röhren, zwei für die Bahn und eine für die Wartung, erstrecken sich 14,7 Kilometer unter dem Meer und weitere 30 Kilometer unter festem Land. Die Züge befördern Fußgänger und Autofahrer mitsamt ihren Autos.

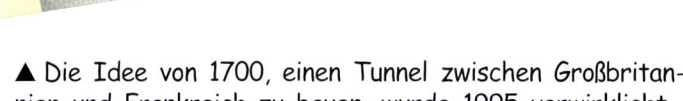

◀ Die Idee von 1700, einen Tunnel zwischen Großbritannien und Frankreich zu bauen, wurde 1995 verwirklicht.

85 **Die Sydney Harbour Bridge in Australien ist die breiteste Brücke der Welt.** 1932 erbaut, bietet sie auf fast 50 Metern Breite Platz für Eisenbahn, Autos, Radfahrer und Fußgänger.

◀ Die vielen Kabel der Akashi-Kaikyo-Brücke würden siebenmal um die Erde reichen.

▲ Jeden Tag überqueren etwa 160 000 Fahrzeuge die Sydney Harbour Bridge.

Gute Unterhaltung

86 **Das Skydrome-Sportstadion in Toronto (Kanada) ist einer der größten geschlossenen Räume der Welt.** Nur um seine Größe vorzuführen, blies man 1992 darin 42 Heißluftballons auf. Das gewaltige Dach lässt sich in nur 20 Minuten öffnen.

87 **Das Opernhaus in Sydney wurde zweimal gebaut.** Die seltsame Dachform des Gebäudes war so modern, dass zu Beginn der Bauarbeiten das geeignete Material noch nicht entwickelt war. Als man feststellte, dass das Dach schwerer als erwartet sein würde, musste man das Fundament sprengen und von vorn beginnen.

88 **In Japan kann man an einem überdachten Strand surfen.** Der Seagaia Ocean Dome ist ein künstlicher Strand unter einem Schiebedach. In dem 300 Meter langen Gebäude kann man zu jeder Jahreszeit auf künstlichen Wellen surfen.

89 **In Frankreich gibt es eine Kinostadt.** Der riesige Vergnügungspark Futuroscope liegt in der Nähe der Stadt Poitiers. Manche Kinos haben eine Rundleinwand, die die Zuschauer umgibt. In einem dieser Kinos kann man 3D-Filme auf einer 15 Meter hohen und 20 Meter breiten Leinwand sehen.

▼ Die Leinwand im Kinemax-Gebäude des Futuroscope ist so groß wie zwei Tennisplätze.

◀ Im Opernhaus von Sydney befinden sich fünf Theater, 60 Garderoben, vier Restaurants und sechs Bars.

90 **Disney World hat ein Heer von Mitarbeitern.** Der 120 Quadratkilometer große Vergnügungspark in Florida (USA) braucht 45 000 Führer, Verkäufer, Gebäudereiniger, Köche, Ärzte und andere Mitarbeiter, um reibungslos zu funktionieren. Jedes Jahr kaufen die Besucher neun Milliarden Hamburger und sieben Milliarden Hot Dogs.

KAUM ZU GLAUBEN!

Die weiße Verkleidung der Dächer des Opernhauses in Sydney besteht aus einer Million Keramikfliesen.

Himmelhoch

91 **Die höchsten Türme sind Zwillinge.** Die Petronas Towers in Kuala Lumpur (Malaysia) zählen mit 452 Metern zu den höchsten Gebäuden der Welt. Sie wurden für die staatliche Ölgesellschaft Malaysias errichtet. In jedem Turm halten 16 Betonpfeiler die 88 Geschosse mit Büros.

KAUM ZU GLAUBEN!

Die obersten Stockwerke eines Wolkenkratzers können über den Wolken liegen. Die Bewohner müssen dann unten anrufen, um zu fragen, wie das Wetter am Boden ist.

◄ Die Petronas Towers sind das höchste Bürogebäude der Welt.

92 **In manchen Ländern wurden schon immer Hochhäuser gebaut.** Das Volk der Korowai in Indonesien baut Häuser in Bäumen. Die Baumhäuser, „Dobbos" genannt, liegen trocken über dem feuchten Boden und sind obendrein gut geschützt. Nähern sich Feinde, werden die Strickleitern der Häuser einfach hochgezogen.

Achterbahn auf dem Turmdach

93 **Auf einem Wolkenkratzer kann man Achterbahn fahren.** Las Vegas mitten in der Wüste im Südwesten der USA ist die Hauptstadt der Unterhaltung geworden. Der Stratosphere Tower überragt große Hotels und Vergnügungsanlagen. Auf seinem Dach 300 Meter über dem Boden befindet sich eine Achterbahn.

◀ Die Achterbahnen auf dem Dach des Stratosphere Tower heißen Big Shot und High Roller Thrill.

95 **Das erste Hochhaus entstand vor 120 Jahren.** Die Stadt Chicago im amerikanischen Mittelwesten war ursprünglich aus Holz erbaut, doch 1871 brannte sie fast vollständig ab. Danach entstanden moderne Gebäude, darunter das zehngeschossige Hochhaus der Home Insurance, das erstmals ein Metallskelett verwendete.

▶ Für das Gebäude der Home Insurance verwendete man leichtere Stahlträger, um höher und schneller bauen zu können.

94 **Manche Wolkenkratzer schwanken im Wind.** Sehr hohe Wolkenkratzer bieten dem Wind viel Angriffsfläche, darum kann ihr oberer Teil schwanken. Manchen Menschen wird dadurch übel. Das Citicorp Center in New York und einige andere Gebäude sind mit beweglichen Gewichten ausgestattet. Sie sorgen dafür, dass das Gebäude sich gegen den Wind neigt und nicht mehr schwanken kann.

Weltraumwunder

96 **Raketen werden in der größten Halle der Welt gebaut.** Weltraum-Raketen werden aufrecht stehend gebaut – dafür braucht man ein sehr hohes Gebäude. Das Vehicle Assembly Building (VAB) der NASA in Florida (USA) ist 160 Meter hoch und hat 139 Meter hohe Türen, die größer sind als ein Fußballfeld.

97 **Das Space Shuttle besteht aus vier Teilen.** Jedes ist für einen bestimmten Teil der Reise zuständig. Das Shuttle besitzt eigene Triebwerke, außerdem werden zwei Booster angefügt, die es in den Weltraum befördern.

◀ Mit Schwertransportern, die 2700 Tonnen wiegen, werden die Shuttles aus der Halle gefahren.

98 **Das Hubble-Teleskop trägt eine Brille.** Mit Hilfe von Space Shuttles können beschädigte Satelliten im Weltraum repariert oder Teile zur Reparatur auf die Erde geholt werden. Das Hubble-Teleskop wurde mit einer elektronischen Brille ausgestattet, um faszinierende Bilder aus der Tiefe des Weltraums zur Erde zu senden.

99 **Man kann ein Jahr lang im Weltraum bleiben.** Im schwerelosen Labor der Internationalen Raumstation ISS bleiben die Forscher mehrere Wochen lang. Ein Astronaut blieb länger als ein Jahr an Bord der alten Raumstation *Mir*.

▼ Für die Stromversorgung der Internationalen Raumstation sorgen die riesigen Sonnenkollektoren.

100 **Menschen sind erstaunlich!** Das größte Wunder der Welt bist du selbst – ein Mensch. Du kannst auf eine Weise denken und handeln, die keinem anderen Tier – und keinem Computer – möglich ist. Vielleicht gibt es im ganzen Universum nichts, was so erstaunlich ist wie wir selbst.

KAUM ZU GLAUBEN!

Der Astronaut John Glenn war 77 Jahre alt, als er 1998 in den Weltraum flog. Seinen ersten Raumflug hatte er 36 Jahre früher unternommen.

Register

A
Aborigines 28
Ägypten 8, 9, 20, 21
Akashi-Kaikyo-Brücke **40**
Akosombo-Damm **36**
Akropolis 6
Alexandria, Ägypten 8, 9, 20
Angel-Fälle **35**
Angkor Wat **15**
Aral-See **15**
Athene 6, 7
Atlantis 21
Ayers Rock siehe Uluru
Azteken 10, 11

B
Babylon 9
Barringer-Krater **26**
Benin, Skulpturen **12**
Borobodur, Tempel **15**
Brücken 28, **40, 41**
Buddha **17**
Buddhistische Schreine 14, 15

C D
Carnac 19
Chan Chan (Stadt) **11**
Chimú (Volk) **11**
Citicorp Center **45**
Disney World **43**
Dogon-Häuser 13
Dragon's Breath Cave **33**
Düne von Pilat **26**

E F
El Capitan **27**
Eurotunnel **41**
Fourth, Brücke **40**
Fudschijama **31**
Futuroscope **43**

G
Georgskirche, Äthiopien **13**
Giant's Causeway **30**
Grand Canyon **26**
Griechen **6–7**, 9, 21
Große Mauer, China **16**
Große Moschee **13**
Große Sphinx 9, 20
Großes Barriere-Riff **25**
Groß-Simbabwe **12**
Geysire **30**

H I
Hadsch, Pilgerfahrt **40**
Hängende Gärten von Babylon **9**
Höhlen 31, 33
Home Insurance, Hochhaus **45**
Hubble-Teleskop **47**
Iguazú-Fälle **35**
Inka **10**
Internationale Raumstation (ISS) **47**

K L
Khajuraho-Tempel **14**
Kilimandscharo 26
Kleopatra 20
Kolosseum **8**
Korallenriffe **25**
Korowai, Häuser **44**
Löwenmaul **14**

M
Machu Picchu **10**
Marianengraben **22**
Maya **10**
Megalithen 19
Monarchfalter **24**
Mond-Pyramide **11**
Mount Rushmore **39**

N O
NASA **46**
Nazca, Volk **10**
Niagara-Fälle **34**
Niederlande 39
Opernhaus, Sydney **42**, 43
Osterinseln, Statuen **18**

P
Pagan, Schreine 14
Panama-Kanal **37**
Parthenon **6–7**
Petronas Towers **44**
Pilat, Düne **26**
Pyramiden 9, 10, 11, 12, 21

R
Rainbow Bridge **28**
Rift Valley **26**
Römer 8 ,19, 20

S
Sanddünen 27, 29
Sarawak, Höhlen 29
Seagaia Ocean Dome **43**
Seen **32–33**, 36
Sigiriya **14**
Silbury Hill **34**
Simbabwe Stadt **12**
Skydrome **42**
Space Shuttle **46**
Steinmonumente **18–19**
Stonehenge **18**
Stratosphere Tower **45**
Suez-Kanal **37**
Sydney Harbour Bridge **41**
Sydney, Opernhaus **42**, 43

T
Tempel 6, 9, 10, **14–15**, 19
Tempel der Artemis **9**
Teotihuacán **11**
Termitenbaue **25**
Terrassen 15
Tiefsee **22–23**
Titus, Kaiser 8
Todai-ji, Tempel **17**
Tonsoldaten **16**
Totes Meer **33**

U V
Uluru **28**
Urgup, Vulkane **31**
Verbotene Stadt **16**
Vulkane 20, 21, **30–31**, 32, 39

W Y
Wasserfälle **34–35**
Weihnachtsinseln, Krabben **24**
Wellen 23, 43
Wolkenkratzer **44–45**
Yamato-Gräber **17**
Yosemite Nationalpark **26**